Ein Mädchen sitzt auf der Bank.

Es ist ein schöner Tag.

Die Sonne scheint warm.

Da trifft das Mädchen ein Stein.

Sie erschrickt.

Ihre Schulter tut weh!

Sie ruft: „Aua!

Was ist das denn?

Wer war das?

Hallo! Wer war das?“

Hinter der Bank sind Büsche.

Das Mädchen steht auf.

Sie schaut auf die andere Seite.

Da steht ein Junge in ihrem Alter.

Er lächelt verlegen.

Sie kennt ihn nicht.

Der Junge fragt:

„Habe ich dich getroffen?“

Das Mädchen sagt:

„Genau! Das tut weh!“

Der Junge meint:

„Tut mir leid.

Das wollte ich nicht.

Aber ich war so sauer!“

Das Mädchen fragt:
„Wirfst du dann immer mit Steinen?“

Der Junge sagt:
„Ich habe nur gekickt.
Das war alles!“

Das Mädchen meint: „Also gut.
Wer bist du denn?
Ich habe dich noch nie gesehen.“

Der Junge sagt:
„Ich bin neu hier.
Wir sind umgezogen.
Und meine Katze ist gestorben."

Da sagt das Mädchen:
„Das tut mir leid mit deiner Katze.
Aber lass das mit den Steinen."

Der Junge sagt:

„Stimmt, da hast du recht.

Jetzt fühle ich mich besser.

Übrigens: Ich heiße Mats.

Wie heißt du?“

Das Mädchen antwortet:

„Ich heiße Mila.

Ich wohne hier.“

„Ich habe eine gute Idee!
In der Nähe ist ein Bauernhof.
Da gibt es Welpen.
Die könnten wir uns ansehen."

Mats ist begeistert und fragt:
„Wo ist denn der Bauernhof?"

Mila will ihn Mats morgen zeigen.

Mats und Mila müssen los.

Morgen treffen sie sich um vier Uhr.

Sie freuen sich auf die Welpen.